M. LE Dr TAUTAIN

ADMINISTRATEUR DES COLONIES

NOTES

SUR LES

CONSTRUCTIONS ET MONUMENTS

DES MARQUISES

Extrait de « l'Anthropologie. » — Tome VIII.

PARIS

MASSON ET Cie, ÉDITEURS

LIBRAIRES DE L'ACADÉMIE DE MÉDECINE

120, BOULEVARD SAINT-GERMAIN

—

1898

NOTES

SUR LES

CONSTRUCTIONS ET MONUMENTS DES MARQUISES

PAR

M. le Dr TAUTAIN

Administrateur des Colonies.

Bien que les constructions marquisiennes aient été dès longtemps signalées, nous avons pensé qu'il ne serait point inutile de leur consacrer une note. Quelques erreurs, quelques omissions seront ainsi relevées en même temps que nous aurons l'occasion de signaler quelques nouveaux détails ethnographiques.

Cette note est, comme les précédentes, bien incomplète et nous ne la publierions point dans cet état si le nombre des chercheurs étai plus grand et si le temps, en s'écoulant, ne rendait pas chaque jour les recherches plus difficiles et moins fructueuses.

I. — Pierres levées.

Dans les Marquises nous ne connaissons de pierres levées que dans la baie de Taiohae. Peut-être en retrouvera-t-on d'autres localités en battant les broussailles des diverses îles ; mais nous en doutons fort, car les indigènes les connaîtraient certainement et nous en eussions entendu parler.

A Taihoae (île Nukahiva), sur la route de la plage, se trouve un groupe de quatre pierres dont la plus grande, la pierre dite de Marchand, a 2^m,30 de hauteur au dessus du sol. Les indigènes racontent que cette pierre a été apportée de l'île Uapou (22 milles nautiques) et dressée en une nuit par les fourmis 'Oata ou Koata. Elle est en grès et a été dégrossie. Les trois autres sont en basalte et auraient été dressées par les fourmis noires ou les mouches. Leur état de conser-ation est moins bon ; elles penchent ou sont tombées et sont brisées. .es quatre pierres sont placées sans aucun ordre sur un terrain qui .isait partie de l'emplacement des fêtes, de la vallée de Hikohei.

Ces pierres n'étaient point tabouées et ne représentaient donc pas des dieux ; elles ne jouaient aucun rôle, n'avaient aucun emploi dans les cérémonies ou fêtes. Personne ne connaît leur origine, ni leur primitive destination, et elles sont évidemment très anciennes. La plus grande est appelée P. de Marchand par les Européens qui ne pouvant accepter la légende, mais retenant le nom de Uapou et l'apparition subite, ont supposé que le découvreur des Marquises nordouest l'avait apportée et érigée en commémoration de sa découverte.

Cette explication est peu acceptable. On voit difficilement Marchand se contenter sur la première île nouvelle qu'il aborde d'un placard cloué sur un arbre, puis sur cette même île chercher, remuer et dégrossir un pareil bloc pour l'emporter en risquant, à l'embarquement et au débarquement, ses embarcations sur les plages d'abord difficile des Marquises. Et d'autre part, cette explication ne dit rien des trois autres pierres.

Peut-être de la légende nukahivienne vaudrait-il mieux retenir le nom des Fourmis rouges ('Oata) que celui de Uapou et supposer que la pierre principale a été dressée par un chef (ou en l'honneur d'un chef) nommé ou surnommé 'Oata. Nous n'avons pas entendu ce nom, mais nous n'avons pas la prétention de connaître tous les noms kanaks et 'Oata qui sert souvent à désigner quelque chose de très acide, de très brûlant, de très cuisant ne nous étonnerait pas comme nom donné après le tatouage (1).

Pour les autres pierres, ou elles auraient été mises en place par des individus nommés Mouche, Fourmi noire, ou, datant d'une époque postérieure, elles auraient été attribuées à ces insectes par analogie, de même sans doute qu'elles n'ont été érigées que par imitation.

Quant à leur but, il est impossible de s'en faire une idée. A-t-on voulu orner la place des fêtes ; a-t-on voulu honorer spécialement des chefs dont on célébrait la *koika vaihopu* (2) ; ont-elles joué le rôle de *tiki* funéraire ? Nous n'en savons rien et il est impossible de faire une hypothèse fondée.

Se souvenant que d'autres mégalithes, fort différents du reste, ont été signalés à Tongatabou, faut-il admettre le passage d'un peuple constructeur de mégalithes ou l'influence d'un élément ethnique spécial ? Nous ne le pensons pas (3).

____

(1) Voir plus loin et *L'Anthropologie*, 1896, p. 247.

(2) V. *L'Anthropologie*, 1896, p. 450.

(3) A Madagascar ou trouve aussi des pierres levées destinées à rappeler un événement important ou à honorer la mémoire d'un homme qui n'a pu être enterré dans le tombeau de famille. Seulement l'usage est général.

M. Eyriaud des Vergnes (*Revue maritime et coloniale*, 1877) parle de deux autres pierres qui se trouveraient dans des baies du nord de Nukahiva où elles auraient été apportées de l'île E Iau (I. Masse) par des fourmis (60 milles marins). Ces deux roches couchées dans la mer sont des roches érodées et tombées de la rive et nous ne les citons qu'à cause de l'origine qui leur est attribuée.

Dans divers endroits des roches ont une légende et sont attribuées à quelque héros ou dieu ; mais il ne s'agit que de roches érodées par les forces naturelles, sur lesquelles il est impossible de se méprendre (1).

Il serait plus facile de se tromper pour un certain nombre d'autres pierres qu'on trouve éparses dans les broussailles des vallées. Ce ne sont pas vraiment des pierres levées, mais simplement des blocs, des éclats de rocs qui ont fait partie de limites (2), de paepae d'habitation, etc., et qui sont posés droit soit par un caprice, soit parce que c'était le sens de meilleure utilisation (3).

II. — Limites.

Les limites sont de deux sortes. Les unes sont constituées par des murs en pierres sèches disposées sur deux ou trois rangs d'épaisseur avec une hauteur variant de $0^m,90$ à $1^m,50$. Dans la construction de ces murs on a très habilement profité des rocs émergeant du sol, ou

(1) Ainsi le pouce de Tupa sur la route de Taiohae à Hakahui. Tupa a été décrit comme un dieu de toutes les Marquises. Mais c'est en réalité une divinité spéciale à la tribu des Tei'i de Taiohae. Tout en faisant une part dans la création du personnage à l'influence possible du culte des ancêtres et à l'apothéose d'un chef, on doit admettre que le dieu Tupa a été créé pour expliquer les diverses roches aux formes étranges qu'on trouve sur les crêtes voisines de Taiohae et de la baie Collet (Ha'a o Tupa, la baie de Tupa). En matière de mythologie marquisienne, il ne faut point se hâter de généraliser, et parce qu'on a trouvé un dieu dans une localité on n'en doit pas conclure que les Marquisiens adoraient tous ce dieu.

(2) Je ne pense point qu'il s'agisse dans ce cas de dieux termes, car l'existence de ces dieux ne nous semble pas certaine et, d'autre part, on retrouverait alors ces pierres dressées dans toutes les clôtures, ce qui n'est pas.

(3) Une autre pierre rencontrée sur l'un des anciens me'ae de Taiohae pourrait inspirer des doutes. La divinité de ce me'ae était consacrée protectrice des femmes en couches. La pierre dressée se trouve presque exactement en arrière, à 2 mètres de l'idole. Elle est assez unie, et on affirmerait qu'elle a été travaillée si on ne rencontrait des blocs des formes diverses mis dans le même état par la seule action des forces naturelles. S'agissait-il d'un phallus venant compléter la signification génésiaque du temple? L'autel est complètement écroulé et il est impossible de se rendre compte de la véritable position de cette pierre lorsque le monument était en bon état. Peut-être s'agit-il simplement d'une pierre faisant partie du soutènement de la plate-forme supérieure, et restée presque en place après les glissements et écroulements.

roulés là par accident. C'est ce mode de clôture seul qu'on voit quand on ne quitte pas les habitations et qu'on ne s'enfonce pas dans la brousse des vallées presque partout désertes. Aussi est-on amené à penser qu'autrefois, lorsque les cases et les habitants étaient nombreux, ces murs devaient abonder. Il n'en est rien. Ces murs ne constituent point une défense efficace contre l'homme mais seulement contre les animaux. Or autrefois les Marquisiens n'avaient que le porc et l'état social ne permettait point de le laisser comme aujourd'hui divaguer. Aussi se contentait-on d'un moindre travail, puisqu'il ne s'agissait à vrai dire que de bornage et non de clôture. Des pierres plus ou moins plates (éclats de basalte) de toute forme, de toute dimension, mais le plus souvent de médiocre hauteur, ne se touchant point, mais peu distantes les unes des autres, suffisaient amplement à marquer les limites des propriétés.

La brousse entière des vallées est couverte d'un réseau de ces abornements. Cela suffirait déjà à démontrer, si on ne le savait d'autre part, que la propriété existait, et que, ne consistât-il qu'en un amas de roches arides et stériles, il n'y avait point aux Marquises un seul mètre carré de terrain qui n'eût son propriétaire.

Tout le monde ne possédait pas. Il n'y avait que les familles de chefs (*Papa Hakaïki*) et celles de 'Anatia ou 'Akatia (1), et peut-être une troisième classe qui eussent vraiment des droits de propriété.

A sa terre, le Marquisien tenait beaucoup. Cependant, il laissait aisément un homme, une famille s'établir sur sa propriété, y bâtir, y demeurer, y récolter pendant des générations. Pas de location, mais pas de cession complète, ni de prescription. Les plantations ne suivaient pas forcément la condition de la terre; elles pouvaient appartenir à celui qui les avait faites, ne fût-il pas propriétaire du sol. Parfois encore on pouvait voir — le Marquisien n'ayant jamais donné à la culture un temps suffisant — des arbres à pain qui appartenaient par héritage à plusieurs familles, chacune ayant sa ou ses grosses branches.

Cette facilité avec laquelle le Marquisien laisse user de sa terre, la difficulté avec laquelle il la cède, la possibilité de propriétaires différents pour le sol et ce qu'il porte, l'adoption qui vient encore

---

(1) 'Akatia, mot du groupe nord-ouest, Anatia, mot du groupe sud-est, sont identiques aux mots *Rangatira* de Nouvelle-Zélande et *Ra'atira* de Tahiti : chute des deux r et transformation du *ng* en *k* ou *n*, selon les dialectes.

compliquer les choses, amènent aujourd'hui, où nos lois sont appliquées, des procès bizarres et parfois inextricables.

III. — Terrasses a taro.

Dans toutes les vallées on peut trouver des séries de gradins, de plates-formes plus ou moins larges, plus ou moins longues, selon les indications de la pente du terrain. Bordées, soutenues par quelques pierres basses analogues à celle des limites si le terrain est en pente douce, et alors peu élevées les unes au dessus des autres, ces plates-formes, lorsque l'inclinaison devient rapide, sont supportées par de véritables murs du même type que les murs de clôture. L'alimentation en eau indispensable à la *Colocasia esculenta* est assurée par deux procédés. Tantôt on a choisi un creux, un pli dans lequel ne prend pas naissance un ruisselet, mais où existe un suintemeut assez abondant et c'est alors qu'on trouve des terrasses de dimensions médiocres dans le sens perpendiculaire au grand axe du pli de terrain, mais assez élevées les unes au dessus des autres. Tantôt, et surtout dans les pentes moins raides, dans les vallées assez largement ouvertes même au fond, les plates-formes relativement étendues sont arrosées par un canal d'amenée, une petite dérivation du ruisseau voisin, établie le plus près possible en amont. Ce canal est le plus souvent assez soigné; ces deux rives sont formées de pierres plates pour empêcher les terres de s'ébouler, si bien qu'aujourd'hui, après un long abandon et malgré le comblement, on peut souvent le retrouver.

Si ces travaux frappent par l'ingéniosité, l'adresse de leurs constructeurs et tendent à faire admettre une agriculture avancée, ils frappent encore plus par leur rareté. On voit bien qu'autrefois comme aujourd'hui, le ta'o ne comptait pas dans l'alimentation marquisienne, pas plus que la banane, pas plus que le *fei* si employé par le Tahitien. Joint à d'autres, ce fait suffit à faire rejeter les chiffres de population qu'on a attribués aux îles Marquises.

Aujourd'hui dans nombre d'endroits, les Marquisiens ont laissé périr une grosse partie de leurs arbres à pain sous la dent des chevaux qui aiment leur écorce sucrée. La sécheresse prolongée rend la récolte des fruits d'*Artocarpus* très maigre et médiocre; beaucoup de fruits tombent avant d'atteindre la moitié de leur dimension et sans arriver à maturité. Cependant, on ne voit guère les Marquisiens augmenter ou multiplier leurs rares et minuscules plantations de taro. Triste peuple, mûr pour la mort !

IV. — Retranchements. Fortifications.

'*Aka'ua*, le mot qui servait à désigner les fortifications marquisiennes, dérive de *haka*, faire, '*ua*, deux, double, et signifie, à proprement parler : mur à deux rangées de pierre, par extension mur épais, très solide et très fort, quel que soit le nombre de rangées.

Porter nous a laissé une description d'une de ces fortifications qu'il a rencontrée dans sa campagne contre les Taipi-Vaii et nous allons la rappeler, car aujourd'hui ces murailles sont généralement en trop mauvais état pour qu'on puisse les décrire : « Un segment de cercle de près de 46 mètres d'étendue bâti en grosses pierres, ayant 2 mètres d'épaisseur vers la base et se rétrécissant dans le haut pour donner l'aplomb et la solidité. A gauche, une entrée, juste assez large pour admettre un seul individu à la fois, servait pour les sorties. Pour y parvenir, on était obligé de passer immédiatement sous la muraille, un hallier très épais en défendant l'approche de tout autre côté. Les ailes et les derrières étaient protégés par une muraille aussi solide que le corps principal. »

Dans le cas il s'agissait évidemment d'un fort, d'un réduit où se concentraient à un moment donné les guerriers du district. Mais en dehors de cela, on trouve des traces de murailles interdisant, barrant l'accès d'un passage difficile en arrière desquelles se réfugiaient femmes, enfants et vieillards et situées naturellement dans des points aussi éloignés de l'ennemi et aussi peu visibles que possible. Parfois on accédait à ces lieux de refuge par des chemins enus secrets ; ainsi on dit que les Haapaa parvenaient à leur camp d'asile par une longue grotte à entrée étroite et presque introuvable. Ces camps étant généralement haut situés, sur des pentes escarpées, la défense en était aisée même pour des êtres faibles. Il suffisait de lancer des cailloux et de faire rouler quelques quartiers de rocs sur l'ennemi.

Porter a donné au fort canaque le nom de *Hippah*. Le mot même corrigé de diverses façons est inconnu aux indigènes, au moins avec le sens de fort. *Hipa* signifie courbe, et Porter a dû prendre un qualificatif du fort des Taipi pour le nom générique ('*Aka'ua hipa*, le rempart courbe) ; ou bien chacune de ses redoutes ayant probablement son nom propre, c'est un nom spécial qu'il a pris pour un nom commun *Tehipa*, le (rempart) courbe.

V. — Paepae des habitations.

Les Marquisiens, jusqu'à ces dernières années, évitaient le rivage
de la mer et habitaient le haut de leurs vallées. Ce n'était pas,
comme on l'a dit, pour être plus près des arbres à pains. Le *mei*,
en effet, vient très bien à une faible distance de la mer ; et si on en
trouve peu dans cette situation, il faut y voir l'effet et non la cause
de l'éloignement des habitations. C'est l'état permanent d'hostilité
qui a poussé les Marquésans à s'éloigner et à préférer les pentes

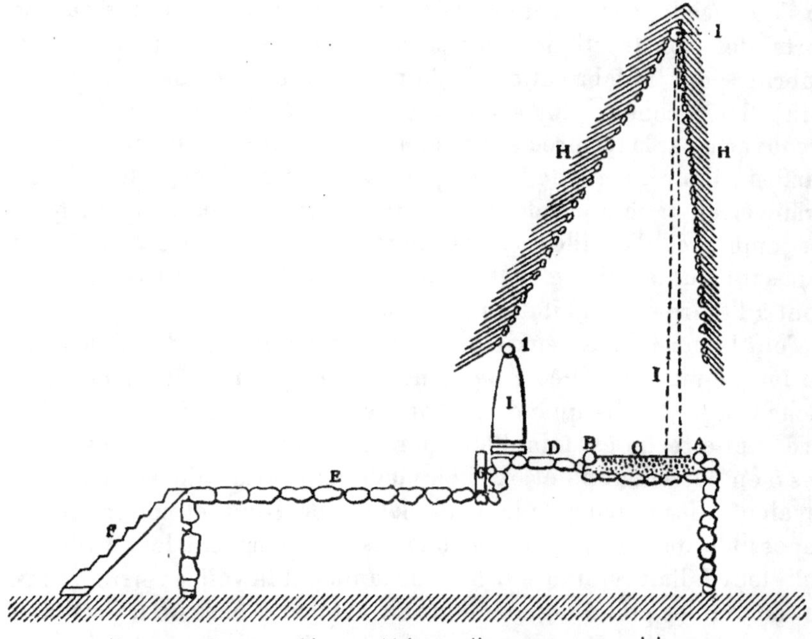

Fig. 1. — Coupe antéro-postérieure d'une case marquisienne.

A, Rondin de bois servant d'oreiller ; B, rondin de bois pour poser les jambes ; G, natte recouvrant un
lit de gravier ; lit proprement dit ; D, pachavaoto ; G, pierres taillées limitant le pachavaoto ; E,
pachava ; F, pikika ; I, poutres ; H, toiture en feuilles.

assez escarpées de leurs montagnes. Par terre, la surprise était
difficile. Même pour des grimpeurs aussi agiles et aussi adroits, les
voies d'accès d'une vallée à l'autre étaient peu nombreuses et
périlleuses, surtout de nuit. Par mer, la surprise, principalement
la surprise nocturne, eût été aisée si les cases avaient bordé la
plage et une famille eût pu être égorgée et emportée avant que la
pirogue ennemie ne fût signalée. Et la grande majorité des sur-
prises, des enlèvements de victimes avaient lieu à la côte. Où qu'elle
soit placée sur les flancs de la hauteur, sur la crête d'une arête
secondaire, sur une pente raide ou modérée, l'habitation repose

toujours sur un volumineux cube de pierres : le *paepae* (de *pa*, mur, *é* explétif indiquant l'existence; le redoublement du mot jouant le rôle d'augment). C'est un parallélipipède à base carrée ou rectangulaire, dont les bords, très adroitement dressés, sont assez élevés. Les bords, la masse de la construction sont composés de pierres de toute forme et de toute origine. La plate-forme supérieure est formée uniquement de gros cailloux roulés, tirés des rivières ou de la mer, choisis parmi les plus polis et les plus aplatis. Cette plate-forme comprend deux parties : la première, plus basse, où l'on accède, sert de cour, de terrasse et dans les grands paepae porte des constructions accessoires, comme le hangar où on s'abrite pour la fabrication de la popoi. C'est le *paehava* (*hava*, salir). La seconde, plus élevée de $0^m,40$ à $0^m,50$, est tout entière recouverte par la toiture de la case et se subdivise elle-même en deux parties : l'une garnie de larges pierres roulées; l'autre, limitée en avant et en arrière par deux rondins de bois servant d'appui pour les jambes et d'oreiller, est recouverte d'une natte de pandanus reposant sur un lit de petits cailloux, c'est le lit qui règne d'un bout à l'autre de l'habitation (fig. 1).

Tout le bord de la deuxième plate-forme qui regarde le paehava est fait de pierres taillées. La roche employée pour le travail est une roche rouge, tendre quand elle sort de la carrière et durcissant plus tard. Cette roche est loin d'être partout commune et certaines vallées n'en possèdent point. Ainsi les habitants de la vallée de Haka'ui devaient aller prendre la leur au plateau de Tovii; et comme il est impossible de grimper sur les falaises qui enserrent leur vallée et qu'il leur fallait rejoindre le bord de la mer et la vallée voisine, ceux qui étaient les plus éloignés de la baie avaient à faire un trajet d'une douzaine de kilomètres avec une montée et une descente d'environ 800 mètres par les chemins qu'on devine. On est confondu de cette patience et de ce courage chez des gens qui certainement n'aiment pas le travail.

Grâce à la disposition du lit régnant dans toute la longueur de la case et ayant toujours devant le *paehava'oto* ('*oto*, dedans, intérieur), un très grand nombre d'individus peuvent venir se coucher, se lèvent et se recouchent sans avoir jamais à enjamber un voisin. C'est une chose grave que d'enjamber ou d'être enjambé, particulièrement par une femme et surtout par-dessus la tête, partie éminemment *tapu*. Aujourd'hui encore où les superstitions antiques commencent à s'user, les Marquisiens n'aiment point qu'on leur touche la tête ni que quelque chose d'animé ou inanimé leur passe par-dessus. Au moment où je quittais les Marquises, un individu était obligé d'abandonner sa vallée devant les taquineries, les avanies sans nombre que lui valait une histoire de ce genre. Un enfant avait un jour voulu jouer avec son cheval et avait roulé sous le ventre de l'animal. Monter ce cheval équivalait donc à passer au dessus de la tête de l'enfant, et cependant son propriétaire persistait à se servir de sa bête.

L'ensemble du paepae représente un volume énorme de pierres. Si on trouve en effet quelques petits paepae qui n'ont pas un cube de plus de 8 à 10 mètres, ceux de 30 mètres sont communs et ceux de 80 à 100 mètres cubes sont loin d'être rares ; sans parler bien entendu des grandes cases d'hospitalité destinées surtout aux invités des fêtes et qui couvrent parfois 250 et 300 mètres carrés.

Quelle raison a déterminé le Marquisien à élever, au prix d'un travail considérable, le paepae pour y construire sa case ? Ce n'est pas seulement pour se mettre à l'abri de l'humidité. Outre que les Marquises sont relativement sèches, des moyens plus simples, moins longs et moins pénibles eussent suffi. Dans d'autres archipels habités par la même race polynésienne, à climat beaucoup plus pluvieux, les indigènes ou ne se livrent point à ces constructions ou les font bien moins hautes.

Pour nous, les Marquisiens ne vivant jamais dans la plaine, nulle du reste dans leurs îles, mais sur les hauteurs abruptes, ont d'abord voulu racheter la pente du terrain et faire un plan horizontal et d'autre part mettre leur demeure à l'abri de l'envahissement et de la détérioration par les terres, les graviers et les cailloux volumineux qu'entraînent les eaux folles de pluies abondantes. Ces causes toutefois n'expliqueraient point la hauteur de certains pacpae que l'heureuse disposition du terrain environnant permettait de faire très bas. Il faut admettre pour une part la formation d'une mode, devenue une coutume ethnique. Il faut surtout faire une large part au caractère marquisien. Très bavard, quoi qu'on en ait dit (1), parce

(1) Le Marquisien passe pour silencieux et taciturne. Les auteurs qui l'ont ainsi dépeint parce qu'ils l'avaient vu rester des heures et même des journées entières sans ouvrir la bouche, sont victimes d'une erreur. C'était leur propre présence qui arrêtait la conversation, non point par déférence mais par méfiance ; et surtout parce que la satisfaction de leur extrême curiosité absorbait tout le temps et toutes les facultés de leurs hôtes. L'étranger était minutieusement inspecté de la vue, de l'ouïe, de l'odorat. Le moindre, le plus insignifiant détail de sa personne, de sa physionomie, de ses gestes, de ses vêtements était noté et commenté par ses hôtes qui préparaient en même temps les mots satiriques à lancer après son départ. Et encore il ne faudrait pas affirmer que les Marquisiens restaient silencieux parce qu'on ne les entendait pas parler. Sans rien dire des coups d'œil, des signes imperceptibles

qu'il est très curieux, le **Marquésan** reste toujours profondément méfiant. Quand on le connaît on devine que, tout en ne fuyant pas la société de ses compatriotes, il n'est pas fâché d'en être un peu isolé. En principe la maison du Kanak est ouverte à tous; mais en fait elle ne peut ressembler à la maison du nègre où on entre comme sur la place publique. Il faut grimper sur le paepae par le rondin à entailles, le *pikika* (*piki*, grimper, monter) ; et cette escalade, bien que toute simple pour ceux qui y sont habitués, exclut l'acte machinal, automatique; elle nécessite l'acte de volonté, le propos délibéré. Perché sur le paepae on voit les géns d'assez loin, on a le temps de les étudier et de se décider soit à les appeler, soit à les éviter. On peut songer au but probable de leur visite et se tenir sur ses gardes, préparer ce qu'on leur dira et ce qu'on évitera de dire (1).

Le grand nombre des paepae qu'on rencontre dans les vallées a fait penser que la population de l'archipel a dù autrefois être très considérable. Cet argument est loin d'avoir toute la valeur qu'on lui attribue, car, pour qu'on ait le droit de conclure à la densité, il

permettant de se moquer de l'étranger, à son nez et à sa barbe, une conversation suivie pouvait avoir lieu sans qu'il s'en doutât. Les Marquisiens savent causer sans aucun bruit et suivent les mots au mouvement des lèvres. Ils causent aussi avec la guimbarde et le petit instrument qui l'a précédée. Et quel est l'Européen non fait à la psychologie, à la physionomie et aux usages indigènes qui se douterait que deux individus qui semblent béatement occupés à faire de la musique bête et fastidieuse sont en conversation suivie et animée. Le Marquisien n'est pas bavard à la façon du nègre parce qu'au lieu d'être exubérant et plutôt bon enfant il est méfiant à l'excès, sournois, renfermé. Cette dominante de son caractère met sur tous ses faits et gestes son empreinte. Il est bavard et ne supporte pas la solitude ; il lui faut toujours quelqu'un à qui parler et il passe des journées et des nuits à bavarder. Certes, il se tait souvent parce qu'il a toujours quelque chose à cacher et parce qu'il craint toujours de compromettre soit le passé, soit le futur. Mais il n'est pas silencieux.

A propos de la guimbarde, rappelons que les Marquisiens causaient de très loin avec le ki, ce sifflement aigu qu'on produit en mettant deux doigts dans la bouche. Il est certain que, comme le langage sifflé des Canariens, le ki ne consistait pas en un ensemble de signaux convenus, mais que c'était la langue elle-même masquée, défigurée par le sifflement pour des oreilles non habituées. En effet, d'après Mgr Dordillon, qui a vécu de 1850 à 1888 aux Marquises et qui connaissait très bien la langue et bien les coutumes, le ki permettait de tout dire, absolument tout ce qu'on voulait, tandis que, s'il s'était agi de signaux convenus, il est évident que l'utilisation en aurait été forcément assez limitée. Pour la guimbarde, il ne peut y avoir aucun doute sur ce point ; on parle du marquisien et non de la télégraphie.

(1) Nous n'avons pas fait appel pour l'explication du paepae à l'idée de défense, de fortification. C'est qu'en effet elle nous paraît peu vraisemblable. Il faut remarquer que le toit qui sert en même temps de paroi postérieure à la case vient tomber tout à fait sur le bord postérieur du paepae. Dans ces conditions la plate-forme eût-elle 2 mètres de hauteur, on comprend combien il est facile d'incendier la case à côté de la tête même des dormeurs sans être vu.

faudrait que tous ces paepae aient été habités simultanément. Or il n'en est rien. Sans entrer (on ne le peut pas du reste) dans le détail des causes qui faisaient abandonner les habitations, il suffit de rappeler que nombre de lieux devenaient tabous et par conséquent inhabitables, par exemple : la case où mourait une femme enceinte, la case où mourait un homme frappé du tabou pour avoir enfreint lui-même un tabou, etc.; et que d'autre part, bien que le Marquisien fût attaché à sa terre, il y avait des cas où il l'abandonnait. La masse, les Avara (cf. Wari, Nouvelle-Zélande), ne possédait point; elle vivait sur les terres des Hakaiki et 'Akatia. Si à un moment donné, pour une cause ou pour une autre, un groupe changeait de maître, les cases et leurs paepae se trouvaient abandonnés et il fallait en construire d'autres. Dans une classe supérieure même, une famille se trouvait parfois, pour échapper à des haines et des vengeances, forcée de changer de quartier ou de vallée et même de baie en cherchant la protection d'un chef influent et redouté. Les successions naturelles, ou à la suite de meurtres, les guerres amenaient aussi des changements notables dans le groupement de la population (1), comme suffirait à l'indiquer ce proverbe recueilli par les premiers missionnaires : « Quand le figuier des banians est abattu, les Kuku s'enfuient », c'est-à-dire quand le chef est mort, son peuple se disperse. Seuls ces faits, et il y en a bien d'autres, démontrent la non-simultanéité d'occupation des paepae et l'impossibilité de déduire de leur nombre une grande densité de la population.

D'autres faits, d'ailleurs, plaident contre l'existence d'une population très nombreuse. Le taro était peu cultivé; le bananier ordinaire très peu, et le bananier fehi encore moins, l'igname pas du tout. Autrefois pas plus qu'aujourd'hui ces plantes ne comptaient dans l'alimentation. Le taro paraissait surtout dans les fêtes, la banane n'avait pas plus d'importance que nos gâteaux, et il fallait la disette pour qu'on recherchât le *kape* (*Arum macrorrhyzum*) et l'igname. La patate (*kuma'a*; *'uma'u*), le *ti* (*Dracæna australis*) étaient aussi négligés que le taro; le second ne servant presque qu'à faire des plats spéciaux aux petits enfants. L'alimentation reposait uniquement sur le fruit de l'arbre à pain. Certes, les arbres à pain ont pu être beaucoup plus nombreux qu'aujourd'hui; c'est un arbre qui

<hr>

(1) Deux mots du Dictionnaire de Mgr Dordillon comme exemples : *Hupiu*, tuer un des siens pour prendre son nom et devenir célèbre; *Tapu haohena*, fête après la défaite d'un peuple pour prendre possession des terres (*hao* = piller, saccager, butin, pillage, prise par force; *henua*, terre).

périt assez facilement — (ne pas exagérer) — et surtout ne donne pas de rejetons, s'il n'est pas soigné, si on ne débrousse pas son pied. Mais pour nourrir le nombre de personnes que quelques-uns semblent disposés à admettre, à la suite de Cook, il aurait fallu que la terre fût couverte partout où la roche n'est point à nu d'une telle quantité d'arbres à pains (1) que les anciens navigateurs n'eussent point manqué, frappés par l'aspect tout à fait spécial du pays, de s'étendre longuement sur ce sujet. Nous sommes convaincu que les chiffres de population attribués à Tahiti par Cook sont infiniment trop élevés ; et cependant nous admettrions plus facilement, malgré la différence des superficies, 100.000 habitants à Tahiti que 70.000 dans toutes les Marquises, ne fût-ce que pour cette raison que dans la première de ces îles, d'autres végétaux que le maioré jouaient un rôle sérieux dans l'alimentation et qu'on s'y occupait beaucoup plus de la pêche. Et nous terminerons cette digression en disant que nous ne pensons point que le chiffre des Marquésans ait jamais dépassé 35.000 âmes (2). C'est ce chiffre qu'on obtient en se servant prudemment des données de Marchand en 1791.

VI. — Silos a ma.

Quelquefois dans la construction même du paepae, on a ménagé une sorte de puits qui se trouve ainsi avoir des parois de pierres. C'est le silo destiné à la conservation du fruit à pain fermenté, de ce *ma* qui ne constitue pas seulement l'aliment des saisons sans fruit, mais qui entre aussi *obligatoirement* pendant la récolte même dans la fabrication de la popoi journalière.

Plus souvent le silo est en dehors de l'habitation à quelque distance, quelques-uns sont cachés dans les brousses. Le plus grand nombre de ces fosses simplement creusées en terre n'ont qu'une garniture de feuilles de cocotier nattées et de feuilles de ti (*Dracæna*). Mais on en trouve cependant d'un autre type, ceux qu'on appelle *pakeho*. *Pakeho* veut dire revêtir de pierres, revêtement de pierres (à la façon de nos puits). Ce mot dérive de *pa*, mur, et

---

(1) Le maioré devient moins beau, produit moins, ses fruits sont moins gros qu'à Tahiti parce que les Marquises sont beaucoup moins humides.

(2) Bien que ne pouvant encore établir suffisamment nos raisons, nous sommes porté à croire que la date de la première migration arrivée aux Marquises doit être rapprochée de nous de 150 ans environ, ce qui, au lieu du début ou de la première moitié du vᵉ siècle, la placerait vers le milieu ou la fin du vıᵉ. De cet élément, de l'état social, des mœurs il faut tenir compte dans l'évaluation du nombre possible des habitants.

de *keho*, nom d'une roche plutonienne (basalte?) qui se brise facilement en éclats assez droits pour que sans outillage on obtienne par percussion des cubes assez bien faits. Les silos qui ont ce revêtement sont rectangulaires et non circulaires. En dehors du silo à ma familial, du silo dotal dont nous avons parlé ailleurs, on trouve encore des silos collectifs appartenant à toute une vallée et auprès desquels se trouve le paepae d'une case destinée aux gardiens. Ces silos pouvaient, à en juger par les traces qu'ils ont laissées, atteindre des dimensions considérables, mais impossibles à évaluer aujourd'hui. Ces silos se remplissaient, sur l'ordre des chefs, lorsqu'au moment d'une belle récolte des signes positifs, ou des présages (1), ou des prédictions faisaient songer à une disette plus ou moins proche. Les chefs parcouraient la vallée, choisissaient sur les diverses propriétés les arbres à pain les plus chargés et ayant les plus beaux fruits et mettaient le 'ahui ou kahui (cf. Rahui de Tahiti) (2) sur ces arbres. La récolte se faisait alors à mesure que les fruits arrivaient à maturité et sur ordre, et le produit des cueillettes était immédiatement transformé en ma enfoui dans le silo. La disette arrivée, la distribution était faite à mesure des besoins par des gens qui en étaient spécialement chargés. On sait que le ma bien soigné peut durer de très longues années.

VII. — EMPLACEMENTS DE FÊTES.

Dans toutes les vallées on trouve un ou plusieurs emplacements destinés aux fêtes (*koika, koina*) dont quelques-uns ont nécessité des travaux considérables d'établissement. Ce sont toujours des carrés longs où le sol a été aplani pour former une aire entourée de paepae plus ou moins larges. Les paepae d'amont (se rappeler que le Marquisien habitait la montagne et non la plage) — le paepae d'amont est relativement peu élevé; mais celui d'aval, pour racheter les différences de niveau, atteint assez souvent des hauteurs considérables. D'une façon générale, il n'y a pas eu de terrassement de fait, sauf ce qui était expressément nécessaire pour rendre l'aire parfaitement plane. Cependant dans un de ces koika — car ils portent ce nom comme les fêtes — celui de Puamau (baie de Hakapuae,

---

(1) Deux mots désignent les présages : *'Ako* (cf. le tahitien *a'o*), enseigner, avertir et *Tau* (cf. le tahitien *tahu*) d'où dérive évidemment le mot *tahua, ta'ua*, prêtre, dont la vraie traduction serait donc « augure ».

(2) *Kahui, 'ahui, rahui*, tapu civil qui évidemment était autrefois très différent du tapu religieux, du tapu proprement dit.

tribu des Hapa'a), nous avons pu constater que la hauteur avait été coupée en amont, l'endroit choisi nécessitant déblai et remblai; et il fallut à l'aval des murs de soutènement qui, sur quelques points, atteignent 6 et 7 mètres de hauteur. On se demande pourquoi cet endroit a été choisi malgré ses inconvénients quand à peu de distance soit en amont, soit sur la droite, soit sur la gauche il était aisé de trouver des dispositions de terrain plus favorables?

Les plans et coupes que nous donnons montrent suffisamment le type et le mode de construction de ces emplacements de fête pour qu'il soit inutile d'insister. Quelques koika sont immenses, couvrant près d'un hectare, d'autres au contraire sont très petits et n'ont pas

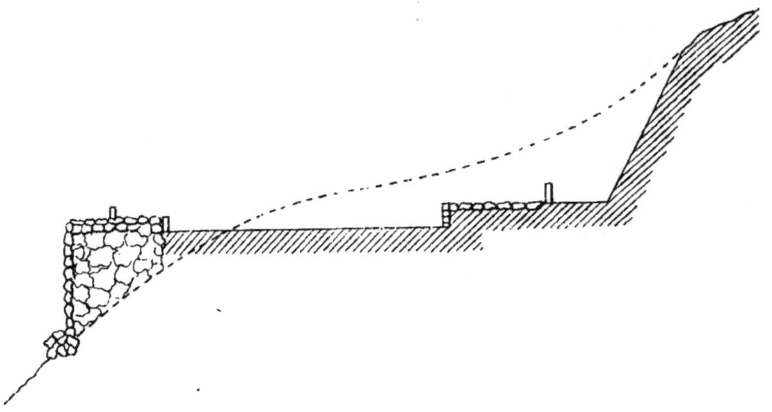

Fɪɢ. 2. — Coupe suivant la largeur d'une koika montrant qu'il y a eu déblai.
(La ligne pointillée indique l'ancienne configuration du sol.)

plus 60 mètres carrés. La majorité se tient entre 60 et 120 mètres de longueur, avec une largeur moins variable de 20 à 30 mètres, paepae compris.

Quelques-uns des koika, comme celui que nous figurons, présentent une construction accessoire sans place fixe, mais toujours peu éloignée du paepae quand elle ne s'y relie pas. Il s'agit d'un paepae de surface médiocre, mais parfois fort élevé, ressemblant à ceux des cases sauf qu'il présente sur sa plate-forme une fosse pakeho, c'est-à-dire garnie de pierres en apparence taillées.

Cette construction n'avait aucun emploi dans les fêtes ordinaires, les fêtes profanes (*koika me'ie*), celles où l'élément religieux ne tenait pas de place ou mieux n'avait qu'une place médiocre. Elle ne servait que dans certaines fêtes religieuses (des *koika tapu*) qui, soit à cause de l'assistance nombreuse, soit pour d'autres raisons, n'avaient pas lieu au me'ae. Tout en pensant qu'il y avait d'autres

cérémonies de ce genre, nous ne connaissons, et bien sommaire-
ment, que celle qu'on célébrait pour obtenir des dieux de la pluie
et une récolte abondante de fruits à pain.

Pour cette fête Ta'ua, Tuhukas, les Moas se rendaient les premiers
au koika et tout ce clergé s'établissait sur le petit paepae recouvert
d'une toiture. Plus tard arrivaient les chefs suivis de tous les mâles
de la tribu, enfants exceptés. La cérémonie consistait en invocations,
en chants, battements de tambours ordinaires (*'umi*) que dominait
le pahu me'ae spécial au sacrifice humain, et surtout dans l'immo-

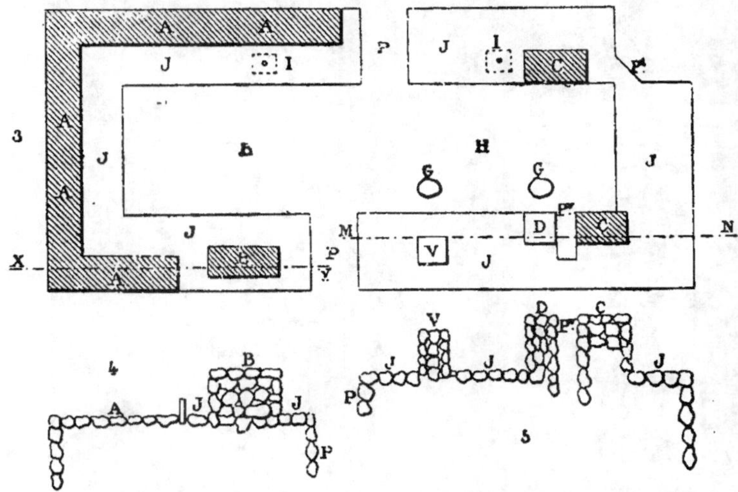

Fig. 3, 4 et 5. — Plan et coupes d'un des koika des Tei'i (Taiohae).

A, Cases du peuple; B, case des chefs ; C, case des prêtres; D, place des prêtres; V, place de la victime
au moment de l'égorgement; Pv, passage de la victime; P, entrées du koika; Pᵘ, entrée des prêtres
et de la victime; G, pierres sur lesquelles dansaient les filles (cf. *L'Anthropologie*, 1895, p. 642); I,
troncs d'arbres enveloppés de tapa sur lesquels on devait frapper un coup de bâton en entrant
(peut-être dans certaines fêtes seulement); J, parties du paepae non recouvertes de hangar; H, cour
intérieure.

4. Coupe suivant XY ; 5, coupe suivant MN.

Note. — L'échelle des hauteurs est décuple de celle des longueurs.

lation d'une hostie humaine appartenant obligatoirement aux sexe
féminin. Pas de festin comme dans les koika mé'ic. Après le sacrifice chacun rentrait dans sa case. Cette cérémonie était strictement
une fête de district. Non seulement il ne pouvait y avoir d'invités,
mais encore si en allant ou en revenant le cortège avait rencontré
un étranger quel que fût son âge ou son sexe, eût-il été parent d'un
habitant, on se serait rué sur lui et on l'aurait massacré et dévoré.

La victime dans cette cérémonie s'appelait *Akihapai* ('*aki*, ciel;
hapai, envoyer). Si on se rappellle qu'aux îles Tonga existe une cérémonie ayant le même but que celle des Marquises et dans laquelle

figure une petite fille qui représente la femme de Alo Alo (cf. le
marquisien *aoao*, nuages), ou peut-être mieux qui est donnée en
femme à Alo Alo, il est difficile de ne pas faire un rapprochement
et de ne pas supposer que la victime marquésane est une femme

Fig. 6. — Entrée d'un koika vue de la cour intérieure (pierres pakeho).

offerte, envoyée à 'Aki pour obtenir sa faveur. Il y a probablement
identité originelle des deux cérémonies (1).

(1) Dans un dictionnaire inédit rédigé par feu Mgr Dordillon, vicaire apostolique
des Marquises, j'ai trouvé : « *Vaitili*, victime femme qu'on brûlait au bord de la mer
pour obtenir de la pluie ». Je n'ai jamais pu obtenir de renseignements sur cette cérémonie, peut-être spéciale à certaines tribus. Bien que le sexe fût le même dans
les deux cas, la combustion de la victime Vaitili semble écarter l'hypothèse que nous
avons émise pour la victime *'Akihapai*. *Vai*, eau ; *tili*, envoyer.

Dans tous les emplacements de fête, il y avait un point spécial où se plaçaient les victimes destinées à être mangées. C'était un paepae peu élevé situé vers le centre d'une des faces, dominé par d'autres paepae où prenaient place les tuhuka pour réciter leurs invocations et leurs chants, tandis que le ta'ua qui devait donner le signal de l'égorgement était auprès des prisonniers. A côté, les hommes chantaient le chant de mort, la *hakaukai* (de *haka*, danse, *u*, impatient, *kai*, manger) qu'on appelle souvent aussi *utanui* (*uta*, chant, *nui*, grand), deux noms assez caractéristiques. Dans ce chant on passe

Fig. 7. — Paepae de koika ; place des prêtres (koika de la vallée de Meau-Taiohae).

en revue les gens de la tribu qui ont été tués par le district des prisonniers, on énumère les morceaux qu'on va consommer, etc. Récitatif morne, parsemé de quelques éclats, parfaitement plat et ennuyeux, tel est le utanui quand on essaie de se le faire débiter par un individu. Mais si les exécutants sont plus nombreux et assez âgés pour avoir tâté de la chair humaine, les choses prennent un tout autre aspect. Dans ce cas le utanui ne tarde point à s'animer ; les voix basses, creuses des Marquisiens le rugissent avec une violence convaincue ; les regards s'illuminent de satisfaction et de férocité (la volupté de la souffrance des autres, un sentiment très canaque), la bave vient aux lèvres des chanteurs dont le nombre se grossit en peu de temps de tous les assistants allumés, les yeux s'injectent, les

mouvements, qui valent au chant le nom de *haka*, deviennent de
plus en plus saccadés et brutaux. Enfin la scène prend un tel caractère de passion sauvage et cruelle, qu'on sent, pour ainsi dire, ces
brutes manger de la chair humaine. Malgré l'intérêt de la représen-
tation, on se repent de l'avoir provoquée et on comprend surtout
qu'il ne serait pas bon de la souvent renouveler.

Ce qui ne contribue pas peu à donner son caractère farouche au
hakaukai, c'est la femme qui, les jambes et tout le corps raidis, les
bras tendus en avant, les mains agitées d'un spasme clonique, les
yeux fixes et hagards, sautille le long des chanteurs en hurlant je
ne sais quoi, avec, dans toute sa physionomie, son attitude, ses
gestes, l'air d'une folle qu'attendrait, après ses convulsions hystéro-
épileptiques, l'attaque de catalepsie.

A qui, vingt-huit ans après le dernier cas d'anthropophagie, il a
été donné d'assister à un utanui, jamais on ne fera croire (n'y eût-il
pas d'ailleurs d'autres raisons) que les Marquisiens étaient de très
braves gens, très doux qui, par bravade et sous l'influence de
l'alcool (1), mangeaient parfois un ennemi. Il n'est point besoin
d'être grand psychologue, ni bien habitué aux recherches d'ethnographie, il n'est pas besoin d'avoir longtemps étudié le caractère
des Marquisiens, et retrouvé comme mobile des quatre cinquièmes
de leurs idées, dires et gestes, la jouissance de la cruauté, il suffit
d'ouvrir les yeux et de constater qu'à froid, sans guerre et sans
alcool, après vingt-huit ans de paix, ces gens peuvent monter au
degré d'excitation que nous avons essayé, d'une façon bien pâle,
d'indiquer pour ne pas pouvoir admettre la manière de voir de quelques auteurs.

Si dans le paepae de case on trouve parfois des pierres d'un volume assez considérable, jamais cependant on n'en rencontre de
véritablement transportées qui atteignent les dimensions de celles
qu'on voit souvent dans les paepae de koika. Nous avons mesuré
un de ces blocs dont le volume atteignait bien près de 2 mètres cubes
et dont le poids ne pouvait être inférieur à 7.000 kilogrammes. Et
ce n'est point le plus considérable que nous ayons vu ; mais sa position permettait d'en prendre toutes les dimensions et, d'autre part,
il était évident qu'il y avait eu véritable transport et mise en place.

Les Marquisiens n'étaient pas pressés, ils étaient vigoureux, très
adroits ; ils étaient nombreux, et on comprend sssez facilement
qu'en ayant soin de prendre les gros blocs en amont de la construc-

---

(1) N'oublions pas de noter que l'alcool était tapu pendant la guerre.

tion, en les faisant rouler sur des pierres, en s'aidant de leviers, et en se servant, surtout pour la mise en place, du système de porte-à-faux qui met le poids dans un état d'équilibre instable tout en donnant un bras de levier, ils pouvaient amener, puis poser au bon endroit, des rocs d'un poids considérable. Cela est beaucoup moins étonnant en réalité que cela le paraît être de prime abord (1).

Pourquoi des gens, qui aiment assez peu le travail pour ne pas avoir multiplié les arbres à pain, les taros, malgré la fréquence des disettes, ont-ils fait ces constructions énormes pour quelques fêtes, pour quelques journées d'amusement?

En premier lieu, le travail réparti sur tous les habitants d'une vallée, exécuté d'ensemble, est moins considérable qu'il ne le paraît. Lorsqu'on a vu des Marquisiens faire un mur on comprend que ces koika nécessitaient assez peu de journées de labeur, et ce labeur se faisait en fête et avec l'excitation du nombre.

Puis il faut faire une part considérable à la vanité (2) extrême du Canaque. La vanité de l'individu, de la vallée, de la tribu sont en jeu et excitées par la haine fondamentale des voisins, fussent-ils des alliés habituels. C'est cette même vanité que nous retrouvons dans les festins et les fêtes elles-mêmes; il faut de toute nécessité surpasser le voisin. Au dernier mau, à la dernière koika y a-t-il eu cent cochons, il en faut égorger cent cinquante et graduellement on

(1) Une anecdote en passant. Le P. Pierre Chaulet, pendant la variole de 1863, n'a cessé de courir les vallées de Nukahiva soignant les malades et enterrant les morts, et depuis les Canaques n'ont jamais, cessé de recourir à ses offices. Il n'y en a pas un dans les circonscriptions qu'il a desservies auquel il n'ait rendu service. Un jour à Hatiheu, ayant un mur à faire, il engage trois indigènes. Au bout de peu de temps, les Canaques abandonnent le travail pour causer un peu et fumer leur pipe et le P. Pierre met la main à la pâte, apportant lui-même les cailloux à pied-d'œuvre. Le repos durait depuis déjà longtemps et les ouvriers ne semblaient pas encore très disposés à se remettre au travail quand le P. Pierre arrive à un gros bloc qu'il essaie vainement de déplacer. Trouvant l'occasion bonne pour rappeler doucement les hommes à l'ouvrage, il leur dit : « Voilà maintenant une pierre qu'un seul homme ne peut manier ; il faut être au moins deux pour cela ». Les Canaques avec beaucoup de sang-froid : « Petero, tu ne t'y prends pas bien, voilà tout. » Et en effet lorsqu'il plut à l'un d'eux de se lever enfin, il eut bien vite fait de mettre la pierre en mouvement et de l'amener.

Si on voulait faire un apologue montrant que le Marquisien ignore la reconnaissance, qu'il ne respecte point les missionnaires, qu'il est tout à fait sans gêne quand il ne craint pas et qu'enfin c'est un habile remueur de pierres, on ne ferait pas plus clair que cette anecdote, ce récit d'un fait arrivé.

(2) La vanité du Marquisien n'est pas la vanité bon enfant et toute en dehors du nègre. C'est un sentiment renfermé, jaloux, envieux, haineux, cruel; car la cruauté se mêle à tout sous des formes larges, pleines ou sous des formes atténuées. Nulle part le *homo homini lupus* n'est aussi vrai, aussi continuellement applicable que chez le Marquisien.

arrive (ce qui a été vu) à tuer tellement que plus de cent porcs sont perdus. Depuis que des bateaux européens fréquentaient l'archipel, apportant des pacotilles, une mode s'était introduite issue de ce besoin de briller. A n'importe quel prix on se procurait une curiosité, quelque chose d'encore inconnu qu'on jugeait, d'après ses propres impressions, susceptible d'étonner les invités et cela devenait le clou du mau ou de la koika.

D'autre part, c'est une erreur de considérer la koika comme un amusement, comme une réjouissance. C'est essentiellement une cérémonie et le plaisir y est tout à fait secondaire, au moins quant à l'idée génératrice. On ne se réjouit pas avec ses amis et connaissances de ce que tel fait est arrivé; on célèbre la cérémonie civile ou laïco-religieuse qui doit avoir lieu dans telle circonstance. Si peu à peu les amusements qui constituent le fond commun des koika ont pris de l'importance au point d'occuper la plus grosse partie du temps et peut-être de masquer les caractéristiques de chaque cérémonie, c'est par une déviation, une altération de l'idée primitive qu'on n'observe pas seulement aux Marquises.

Le temps n'est malheureusement plus où les koika avaient lieu et où il était possible par conséquent de rechercher les éléments caractéristiques de chacune d'elles. Il n'est même plus possible de nous les faire toutes énumérer. Nous avons rapporté précédemment ce qui nous paraissait essentiel dans la fête du mariage; nous pouvons dire quelques mots de la fête de fin de tatouage; *koika tuhitiki* (*tiki*, tatouage; *tuhi*, montrer). Les éléments caractéristiques paraissent avoir été:*'Imatoki*, cadeau consistant en un poisson donné au tatoueur pour son dieu; cette offrande détaboue le tatoué et lui permet de recevoir lui-même les présents d'usage; *Hakatuhitiki*, danse du tatoué entièrement nu ; *Hakaoho* (mettre en colère, vexer), chant exécuté pendant la danse tuhitiki, qui fait allusion aux défauts naturels du tatoué et de sa famille, de préférence à ceux des genitalia et plus spécialement de sa mère, ou bien à quelques circonstances (surtout ridicules) de la conception ou de l'accouchement. C'est dans ce chant hakaoho et souvent d'après ce qu'on y raconte qu'on donne le nouveau nom du tatoué(1). S'agissait-il d'un fils de

---

(1) Les Marquisiens changeaient de nom dans une foule de circonstances de leur vie. Quelques exemples de ces noms : *Putahorai*, trou mal fait, ridicule ; *Tutaepiha*, bouse de vache ; la mère étant revenue avec une tache dans le dos, on raconte que c'est ce jour-là que l'enfant a été conçu. *Iputulae*, vase à excréments, la mère s'étant vidée pendant l'accouchement, au moment où la tête venait de sortir ; *Tutara*, vendre à l'encan, la mère s'étant fait payer ses faveurs, etc.

chef important, il y avait en outre le *Utahakaie* (*uta*, chant ; *kakaie*, orgueil) qui d'ailleurs s'exécutait encore dans quelques autres circonstances et dont la préparation se prolongeait parfois pendant des semaines pendant lesquelles les relations sexuelles étaient sévèrement interdites aux chanteurs et chanteuses badigeonnés d'huile de coco au curcuma (1) et n'ayant pas le droit de se baigner. Chaque sexe couchait dans une case spéciale, les hommes sous la surveillance du chef de chœur, les femmes sous la surveillance d'une vieille matrone. Le chef de chœur lui-même était soumis à des tapus variés et entre autres choses il ne pouvait ni manger, ni se vêtir, pas même rattacher son hami (langouti) de ses propres mains.

Mais pour les autres koika, très nombreuses et très variées, puisque tout était motif à fêtes, nous ne savons rien sans quoi, au lieu d'allonger cette note, nous leur eussions consacré un travail spécial.

VIII. — Me'ae.

La plupart des me'ae des Marquises sont aujourd'hui en ruines au point qu'il est souvent de toute impossibilité de reconstituer l'ancienne disposition. Les lieux sacrés étaient ombragés de grands arbres, temanu, figuier des banians, badamiers. Beaucoup de ces arbres très vieux sont tombés écrasant la construction sous leur masse ; des jeunes arbres, pandanus, banians, poussant dans les interstices des pavés, ont disjoint et fait éclater les murs ; les porcs marrons par leurs fouilles, en créant des poches où l'eau s'amasse, en facilitant l'imbibition du sol, ont amené des glissements et des éboulements.

S'il en est ainsi pour les me'ae principaux, les me'ae de tribu ou de vallée, les vrais me'ae, on comprend dans quel état doivent se trouver les me'ae particuliers, les lieux sacrés (Ahu) spéciaux à une famille. Il n'en reste rien qu'un cairn informe.

Nous avons cependant trouvé en bon état le me'ae d'une des tribus Hapaa, les Tekea, dont la vallée aboutit à l'anse de Hakapu'ae (baie du Contrôleur). Nous le figurons en plan et en coupes (fig. 8, 9 et 10) et, bien que tous les autels n'aient pas exactement cette disposition, ce me'ae de Oneku'a (*oné*, sable, et par extension sol en général ; *ku'a*, rouge et au figuré, comme dans ce cas, par excellence) permet de se rendre compte de ce qu'étaient, de ce que comportaient tous ces autels.

(1) Il est bon de noter que le plus souvent ce n'était point à l'huile que se faisait ce fard jaune. La matière employée était le péricarpe glutineux d'une drupe produite par l'arbre dit *koku'u*. Le fard au koku'u tient mieux et dure plus longtemps.

La partie essentielle est composée d'un paepae de hauteur médiocre à deux plates-formes de niveaux différents. La plate-forme la plus basse est la partie essentielle. En avant et toujours un peu sur le côté, pour ne pas masquer l'hostie, se dressaient la ou les statues des dieux. Un peu en arrière du grand axe étaient pratiquées une ou plusieurs fosses pakeho, selon l'importance du me'ae, les charniers où après l'immolation la victime était jetée pour servir de pâture aux dieux. Entre le charnier et le bord antérieur de la plate-forme était étendue la victime gardée par les Moa.

En arrière des statues des dieux se trouvent les Etua Vahi, ce faisceau de trois rondins de bois fruste dont nous avons signalé l'existence (*L'Anthropologie*, 1896, p. 544) et sur lesquels nous donnons plus loin les maigres détails que nous avons pu recueillir.

Sur la plate-forme la plus élevée se tenaient les prêtres du deuxième ordre, ces Tohuka qui chantent les invocations religieuses et débitent les traditions cosmogoniques, qui battent dans les cérémonies comportant sacrifice humain le *pahu me'ae*, cet énorme tambour qui atteint 2 mètres de hauteur et plus (1).

Une toiture recouvrait ces deux plates-formes.

De trois côtés dans le marae Oneku'a règne un terre-plein où se tenaient les assistants. Sur ce terre-plein à gauche un mur demi-circulaire en pierres sèches forme une fosse dont le marae lui-même complète la clôture. Là se jetaient les objets devenus tapu que, pour une raison ou pour une autre, on ne devait ou on ne pouvait détruire et que cependant il fallait préserver de tout contact (2). Là sans doute aussi allaient les cheveux du ta'ua, peut-être même des tuhuka et des moa, lorsqu'ils se tondaient. En effet, les Marquisiens devaient toujours se couper les cheveux dans un lieu sacré ('Ahu), car, entre les mains de quelque ennemi, ils pouvaient constituer le volt (*momo* (3), l'objet qui donne prise à l'envoûtement, et en outre le

(1) Pour le battre, il fallait le placer obliquement. Il ne quittait guère le me'ae que dans de très graves circonstances. Il n'y en avait jamais qu'un par autel : d'où l'exsion « c'est un pahu me'ae » pour désigner un individu de l'un ou l'autre sexe vivant seul.

(2) Ainsi tout objet qu'un enfant avait touché dans certaines conditions, surtout avec la tête, devenait tabou et était jeté dans la fosse. Cette superstition dure toujours et nous en avons cité plus haut un exemple. Récemment un lit à l'européenne, acheté depuis peu, a été brûlé parce qu'en jouant un enfant s'était glissé dessous. Des étoffes, venant d'être achetées, enveloppées par mégarde dans un vêtement d'enfant, sont brûlées ; de même un pagne que le vendeur avait lancé sur la tête de l'acheteuse. Ces objets auraient été autrefois dans la fosse.

(3) L'envoûtement se nomme *kaha* ; envoûter, envoûteur *nanikaha*, lier, qui lie le kaha. Bien des objets donnent prise à l'envoûtement ; mais aucun ne vaut, comme certitude de réussite, la salive de la personne qu'on veut tuer, et par suite tous les

passage, même involontaire et inconscient, surtout des femmes et des porcs, sur les fragments de la personne, de la partie sacrée de

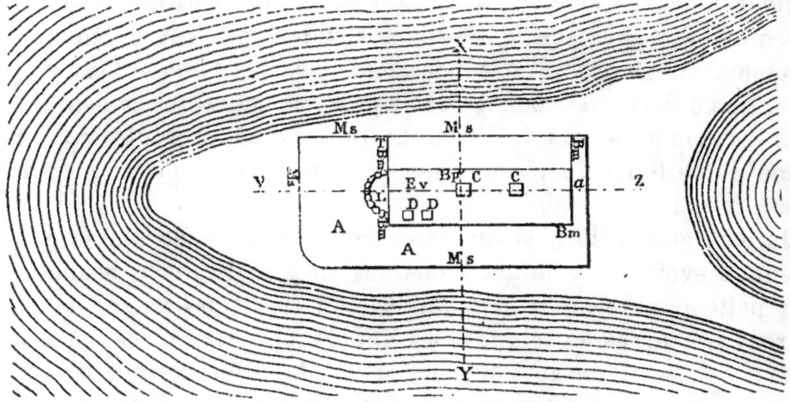

Fig. 8. — Plan du me'ae Oneku'a.

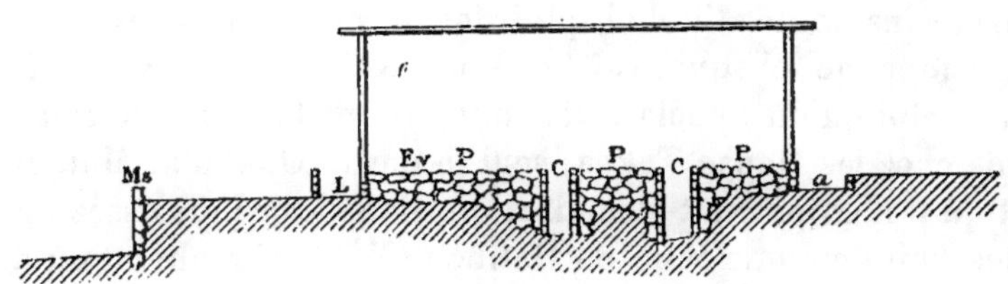

Fig. 9. — Coupe suivant XY (fig. 8).

Fig. 10. — Coupe suivant VZ (fig. 8).

A, Terre-plein des assistants; Ms, mur de soutènement extérieur; Bm, bord de la plate-forme; Bp, bord de la plate-forme supérieure; D, statues de dieux; Ev, Etuavahi; C, charnier; T, pahu me'ae; L, fosse à objets tapu; a, chemin d'accès; P, plate-forme inférieure; P', plate-forme supérieure.

la personne pouvait attirer les plus graves maladies et les plus grands malheurs.

objets qu'elle a touchés avec sa bouche comme par exemple un fruit qu'elle a mordu et non consommé entièrement. Le kaha était une spécialité des prêtres; c'était l'en-

Nous n'avons pas retrouvé dans les me'ae marquisiens ce mur signalé dans les marae de Tahiti et qui indique la place où les femmes doivent s'arrêter, la limite qu'elles ne peuvent dépasser. Il semble donc que les femmes n'assistaient pas aux cérémonies purement religieuses qui se passaient dans les temples, car pour les autres cérémonies mélangées de profane, celles qui avaient lieu dans les emplacements de fête nous retrouvons au contraire sous forme d'une ligne de pierres basses cette limite qu'elles ne pouvaient franchir.

On sait qu'à Tahiti, si un assez grand nombre de marae pouvaient recevoir des victimes humaines, il y en avait un beaucoup plus petit nombre qui pouvaient les conserver, les autres devant les renvoyer après un séjour assez limité. Aux Marquises, généralement, un seul me'ae par tribu avait le droit de recevoir des victimes humaines. Ainsi pour les Tei'i de la baie de Taiohae, bien qu'il y eût des me'ae importants dans les vallées de Hoata, Meau, Haavao et sans doute Hikohei, plus des me'ae secondaires spéciaux aux divisions de chaque vallée, seul avait droit aux sacrifices humains celui qu'on appelait *Pou'ahu* (1) dans la vallée de Haavao ; de même chez les Hapaa Tekea, seul le me'ae Oneku'a. Mais il est évident qu'il n'en pouvait être ainsi que dans les tribus assez unies. Dans les baies comme celle de Hatiheu (N. de Nukahiva) où deux fractions, presque continuellement en guerre, les 'Atikea (2) à l'est et les Puioho à l'ouest, ne cessaient de s'enlever et de se manger des hommes, il fallait bien, semble-t-il, deux me'ae à victimes sans quoi l'un des partis eût été privé du recours aux dieux dans les moments où il avait le plus grand besoin de se les concilier.

La victime religieuse, proprement dite, n'était jamais mangée (3). Aussi, il est facile de le comprendre, les sacrifices humains dans le me'ae étaient assez peu fréquents. A faire manger les dieux, on préférait manger soi-même. C'est un fait qui se produit dans toutes les religions à sacrifices ; les dieux finissent toujours par se contenter du simulacre, de l'effigie ou du parfum. La petite cérémonie

voûtement le plus dangereux, car il était une seule manière d'en arrêter les effets, connaître celui qui avait rempli les cérémonies et le tuer, car lui-même ne pouvait plus rien. Dans une autre variété de sorcellerie (*umuko*), qui elle aussi cependant nécessitait un vol, le sorcier pouvait au contraire arrêter les effets de son ouvrage. Les objets n'étaient point alors déposés sur le me'ae comme dans le kaha·

(1) *Pou'ahu* (prononcez *po-ou-ahou*) vient de *pou* signifiant colonne, et au figuré chef ; et *'ahu*, lieu sacré.

(2) *'Ati*, tribu ; identique au *ngati* de la Nouvelle-Zélande.

(3) Nous en avons eu la confirmation nette depuis la rédaction de notre Note sur l'anthropophagie, *L'Anthropologie*, 1896 (p. 446).

qui précédait les scènes de cannibalisme devait le plus souvent suffire aux dieux qui, comme tous les dieux du monde, se contentaient de ce qu'on leur donnait, du moment que leurs prêtres n'y perdaient rien.

Nous disions que les me'ae marquisiens n'avaient pas tous la même disposition que celui des Tekea. Mais il ne semble pas que les différences soient grandes, ni surtout spécifiques. Nous nous souvenons notamment de deux me'ae où, malgré la détérioration assez avancée, on peut encore se rendre compte de l'ancien aspect. L'un d'eux se trouve à Hanamenu (S. Hivaoa), à peu de distance de la plage, chose rare, et appliquée contre une hauteur escarpée. Les éboulements ne permettent plus de reconnaître l'étendue exacte du temple ; mais on trouve les traces de quatre plates-formes superposées, peut-être même de cinq ; elles étaient assez peu larges, 1ᵐ,50 à 2 mètres. Dans ce cas, le mode de construction paraît avoir été dicté par la configuration et la nature du terrain. La colline est nue, rocheuse et les forces naturelles en fendillant, éclatant les roches, ont couvert tout ce versant de débris de toutes dimensions. Il semblait difficile d'établir une large plateforme, tandis qu'en se servant de l'éboulis même, il était aisé de faire une série de gradins dont le peu de largeur a fait augmenter le nombre.

Dans une autre vallée autrefois très peuplée, bien que le terrain où est établi le me'ae soit en pente assez douce, nous trouvons, mais avec une plus grande largeur, des plates-formes (une surtout) offrant une disposition analogue ; il devait y avoir quatre gradins. Nous nous expliquons ici le mode de construction par l'abondance de la population. La vallée était très peuplée et il y avait beaucoup de tuhuna. Pour éviter la gêne dans leurs mouvements, pour donner en même temps toute facilité de vue aux assistants, la multiplicité des terrasses s'imposait. Le Pahu me'ae que nous avons trouvé en place et que nous avons acquis pour le Musée d'Ethnographie était posé sur l'avant-dernière plate-forme, incliné vers la dernière où se plaçait le tuhuna chargé de le faire résonner.

En somme, nous ne croyons point retrouver ici le type fréquent chez les Tahitiens, bien moins bâtisseurs cependant que les Marquisiens : une sorte de pyramide quadrangulaire s'élevant en gradins espacés jusqu'à une hauteur qui pouvait atteindre 15 mètres. Il y a sans doute diverses raisons pour que le type ne fût pas le même dans les deux archipels. A Tahiti, l'orero qui correspondait au tohuka marquisien ne montait point sur le marae ; et d'après la description de Cook, la plus grande partie de l'office, même dans le cas de victime humaine, se passait en dehors de l'autel. A Tahiti la victime était généralement (toujours dans les derniers temps) apportée morte, tuée n'importe où d'un coup de pierre entre les deux épaules à la naissance du cou; tandis qu'aux Marquises elle était le plus souvent apportée vivante et sacrifiée sur le me'ae lui-même. Cela seul suffit à modifier le rituel et par suite le temple. Peut-être faut-il faire une part à la nature des roches employées; le Tahitien avait à sa portée les blocs de madrépores plus maniables et qui font prise les uns avec les autres, le Marquisien n'avait pas de corail et devait recourir aux roches de ses montagnes, ce qui limitait notablement la hauteur de ses monuments.

IX. — ETUA VAHI.

Pour en finir avec les marae, il nous faut parler des Etua Vahi, les dieux enveloppés. On appelait ainsi un faisceau de trois rondins de bois brut liés ensemble, puis enveloppés en un seul paquet dans des pièces de tapa. Les Etua Vahi se trouvaient sur TOUS les me'ae marquisiens et étaient toujours composés de TROIS morceaux de bois toujours BRUT.

La masse du peuple paraît ne leur avoir rendu aucun culte et s'être médiocrement soucié de leur existence. Au contraire, entre le Ta'ua et les Etua Vahi il semble qu'il y eut un lien. Lorsqu'un ta'ua mourait, les Etua Vahi de son me'ae étaient ensevelis avec lui. Quand un nouveau ta'ua s'était révélé, que les chefs et les tuhuka lui reconnaissant l'intelligence et les aptitudes nécessaires l'avaient accepté, que les tohuka l'avaient instruit et initié au sacerdoce, en un mot lorsque le me'ae possédait enfin un nouveau ta'ua on refaisait de nouveaux Etua Vahi. Il semblerait donc qu'il s'agisse d'une triade tout à fait primitive, que le maintien de la tradition antique fait laisser non sculptée dans un pays où les dieux ordinaires le sont toujours, d'une trinité dont le sens perdu pour le peuple reste plus ou moins intact pour les prêtres. Mais comment comprendre le renouvellement des Etua Vahi à chaque changement de ta'ua? Les hypothèses possibles sont assez nombreuses; mais malheureusement avec le peu que nous savons, aucune n'a de fondement. Serait-ce que la mort de celui qui les adorait a souillé les idoles non confondues dans l'esprit des prêtres avec les dieux qu'elles représentent? Serait-ce qu'elles ont vieilli et sont devenues impuissantes puisque leur servant n'a plus été protégé par elles? Ou bien admettait-on que pour que le ta'ua ait pu mourir il avait fallu une profanation, un sortilège au moyen des Etua? Ou encore voulait-on seulement dans la seconde vie faire accompagner le pontife défunt par l'image de ses dieux? Ne craignait-on pas que les dieux continuassent après la mort de leur prêtre à lui obéir et ne devinssent sourds pour celui qui ne les avait point fabriqués ou figurés? etc.

Il reste certain qu'il s'agissait d'une trinité et qu'en conséquence le nombre 3 a dû, au moins autrefois, avoir le caractère sacré. Plus tard, et de nos jours encore, le nombre 7, dérivé de 3 et 4, les deux nombres sacrés habituels, paraît avoir pris le pas sur l'ancien nombre. Le caractère sacré de 7, *hitu* ou *fitu* suivant les dialectes, le fait employer pour indiquer le grand nombre, l'idée de superlatif, l'idée d'excellence. Aussi le trouvons-nous dans un très grand nombre de noms, particulièrement dans les familles de chefs : Huehitu, Mitiefitu, etc.

Le nombre 7 avait peut-être le même caractère dans d'autres groupes polynésiens. Et nous ne serions point étonné que chez les Néo-Zélandais il ne faille voir dans le nombre traditionnel des canots de la première migration l'influence du chiffre fatidique. Qu'il y en eût moins ou plus de 7, ce chiffre, nombre sacré, a été adopté dans les chants traditionnels.

C'est probablement l'influence d'un autre chiffre sacré qui, aux Marquises, fait dire que la première migration arrivée au groupe sud-est comprenait quatre canots.

X. — Tiki.

On appelle *Tiki* toutes les statues en pierre ou en bois représentant soit des dieux, soit des hommes et ornant soit les me'ae, soit les lieux de fête.

On les a depuis longtemps signalées, mais quelques auteurs ont commis à leur sujet une grave erreur. De ce qu'elles portent toutes le nom de *Tiki*, on a conclu qu'elles représentaient toutes le dieu *Tiki*.

Tiki signifie sculpture, sculpter, dessiner, graver, gravure, tatouage. Mais c'est bien en effet le nom d'un dieu marquisien. Comme dieu, Tiki serait un dieu primordial, un dieu créateur; ce serait aussi le nom du premier homme. Il s'agit donc très probablement du ciel et plus spécialement d'une forme, d'une modalité du ciel, celle qu'il prend pour féconder Hina, la terre (cf. Ti'imaa de Tahiti).

Ainsi pour les Marquisiens le tatouage comme origine se perd dans la nuit des temps et on le fait remonter au père même de l'humanité, ou mieux il y a confusion entre le dieu et un homme divinisé son homonyme; ces confusions, qui amènent une double personnalité, sont communes dans la religion polynésienne.

Assurément, nous ne connaissons pas tous les noms de toutes les statues qui existaient aux Marquises, mais nous en avons relevé plus de trente appartenant à des me'ae de tribus différentes, parmi lesquelles une seule, le dieu du me'ae principal de l'île de Uapou portait le nom de *Tiki puaikanui* (*Tiki* aux grandes oreilles) qui fait penser à un héros homonyme plus qu'au dieu même (1).

Si Tiki avait réellement été le dieu supérieur, seul figuré et adoré dans toutes les Marquises, la religion aurait été arrivée à bien peu près au stade de monothéisme, un monothéisme fortement imprégné de fétichisme. Or si on recherche les voies par lesquelles une religion peut arriver au monothéisme on n'en trouve guère que trois : 1° l'influence voulue ou même inconsciente d'un peuple arrivé à ce stade de croyance en un dieu unique ; 2° le développement de la culture intellectuelle et surtout de l'esprit philosophique analytique et critique; 3° enfin la prédominance du dieu protecteur d'une tribu ou d'une famille due à ce que cette tribu, cette famille a, par la conquête, imposé partout son autorité.

Les deux premières causes ne pouvaient exister aux Marquises. Quant à la troisième, loin de trouver un empire formé ou en formation, nous n'avons trouvé que des tribus composées d'un nombre médiocre d'individus vivant dans l'isolement et l'inimitié. La situation différait donc beaucoup de celle de Tahiti au début du siècle. Dans cette dernière île et l'archipel dont elle fait partie, ce ne serait point faire une hypothèse trop aventurée que d'admettre que même sans l'intervention européenne l'évolution n'aurait pas tardé à se produire.

Bien que nous ayons placé les tiki parmi les constructions en pierre des Marquésans, il faut bien avouer que le plus grand nombre était en bois. Dans l'île de Uapou, au dire du vieux chef Matohi qui a de soixante-cinq à soixante-dix ans, il n'y avait pas un seul tiki en pierre sur les me'ae même les plus importants comme celui de la vallée de Hakamoui, la métropole de l'île. Malgré les grandes

(1) Les dieux sans doute pouvaient changer de nom comme les hommes. Ainsi lorsqu'après l'affaire Pakoko, les gens de la vallée de Pakiu furent déportés à l'île Masse, ils élevèrent un me'ae dont le Tiki portait le nom de circonstance de *Aue oho*, de *aue*, hélas ; *oho*, mettre en colère, vexer, faire honte!

constructions qu'ont laissées les Marquisiens, cela est peu étonnant.
Il ne s'agit plus en effet de ces travaux auxquels, sur un ordre, peuvent coopérer tous les habitants d'un district. Le travail doit être
fait par un seul, ou au moins par un très petit nombre; et même
malgré le caractère fruste, malgré l'unité des formules, il fallait
des professionnels. Ces artistes étaient peu nombreux; ils étaient
suffisamment rémunérés pour ne pas rechercher la besogne; et
enfin il devait leur sembler beaucoup plus simple de s'attaquer au
bois qui, à l'avantage d'être moins dur, joignait celui de présenter
des formes tout indiquées.

Qu'il s'agisse de la roche dure ou tendre ou du bois, toutes ces
statues ont le même caractère. Manque d'expression et de physionomie, traits à peine indiqués, identité du procédé de figuration.
Toujours il s'agit à proprement parler plus d'une sorte de gravure
que d'une véritable statue, réserve faite ǀdu dégagement, d'ailleurs
grossier, d'un corps et de membres. Art fruste et à formules fixes.

Sans attacher une trop grande importance au fait que le mot *tiki*
signifie en même temps tatouage et statue, nous nous demandons
si ce n'est point dans le tatouage qu'il faudrait rechercher l'origine
de cet art. Bien qu'on ait dit à propos des tatouages marquisiens
qu'il est impossible de retrouver leur signification, qu'ils ne semblaient réglés que par le caprice individuel, il n'est pas douteux
qu'autrefois tous les dessins imprimés dans la peau des Marquésans, notamment à la face, avaient leur signification parfaitement
lisible. Nous savons, en effet, que, de même que les Néo-Zélandais
se servaient de certaines parties de leur moko comme signature,
les Marquisiens gravaient sur leurs plats en bois (*kooka*), leurs
pagaies, leurs armes, certaines parties de leur tiki, celles qui
représentaient leur nom. Nous savons aussi que jusqu'à ces derniers temps les grandes lignes du tatouage permettaient de reconnaître la tribu. Ainsi, et sans aller jusqu'à l'hypothèse qu'on pourrait faire que le tatouage formait un langage écrit complet, dont
les inscriptions de l'île de Pâques nous donnerait une idée (1), il
est au moins bien certain qu'il permettait de désigner un individu.

Et pour en revenir aux statues, ne serait-ce point pour avoir écrit
leur nom sur les outils que les Marquisiens en seraient venus à
faire des statues. Au mau funéraire d'un homme, ils auraient
inscrit sur une pierre, sur un tronc d'arbre le nom du défunt en
figurant les principales pièces du tatouage de sa face; puis plus

(1) Et pour cause sans doute.

tard auraient plus ou moins dégrossi une forme humaine. Si telle n'est pas l'origine de leur art sculptural, il faut bien avouer que cet art n'est guère développé et qu'aujourd'hui encore cette sorte de gravure ressemble beaucoup plus dans la façon de marquer les

Fig. 11. — Tiki protecteur des femmes enceintes.

yeux, le nez et la bouche à l'indication de limites de tatouage qu'à une vraie reproduction de traits (fig. 11).

Ce n'est pas une hypothèse gratuite que nous avons émise en parlant de l'influence possible des mau funéraires. En effet, dans les fêtes de funérailles, au moins lorsqu'il s'agissait d'un chef important, figurait un tiki, en bois naturellement la plupart du temps, qui représentait le défunt (1). La pierre de Marchand est peut-être un monument de ce genre datant d'une époque où on ne sculptait point encore.

Il y avait des tiki profanes et des tiki tapu. A la première catégorie appartenaient les tiki des mau, ceux qui ornaient parfois les emplacements de fêtes; à la deuxième les tiki des me'ae. Les premiers représentaient des chefs, les seconds des dieux.

On a dit que les Marquésans étaient peu respectueux envers leurs dieux; cela procède d'un déterminisme insuffisant de l'observation. Nous venons déjà de signaler une cause d'erreur. Mais en dehors de cela il y en a d'autres. Nous sommes convaincu que la majorité des dieux marquisiens étaient des dieux ancêtres ou au moins des dieux partie dieux proprement dits, partie ancêtres. Dans ces conditions il est naturel que les gens respectent peu les dieux qui ne sont pas de leur famille. Et d'ailleurs le seul particularisme tribual suffirait à amener le manque de respect : le dieu de mon voisin n'est pas mon protecteur; il est, au contraire, le protecteur de mon ennemi, donc mon ennemi.

En fait aujourd'hui même, de 1892 à 1897, il nous a été à tout moment donné de faire des remarques inverses à celle que nous combattons. Jamais nous n'avons vu un individu même jeune appartenant à une tribu toucher à un tiki, monter sur un me'ae de sa tribu; et cependant la croyance aux anciens dieux est bien atténuée.

A l'époque du commandant Jouan, il y a pu y avoir quelques faits prêtant à l'erreur. C'est une période spéciale. Te Moana et sa femme Vaekehu venaient de se convertir et avaient toutes les apparences d'une grande ferveur de néophytes; aussi peut-être pour brûler leurs vaisseaux, pour s'interdire tout retour en arrière, ils firent une véritable guerre aux lieux sacrés et aux idoles, les profanant de toute façon. Le Canaque n'est peut-être pas très pénétré du sentiment de respect. Mais il faut remarquer que les non-civilisés, malgré l'idée que souvent on s'en fait, sont infiniment moins libres que les civilisés. Ils sont pris, étroitement serrés dans une organisation très complexe : coutumes, préjugés, superstitions, etc., qui

(1) J'ai appris, mais d'un seul informateur, qu'en signe de deuil on posait sur la tête du Tiki du mort et même du Tiki de son lieu sacré une grosse pierre. Le chapeau des statues (moai) de l'île de Pâques, qui sont des statues funéraires, serait donc un signe de deuil et de mort.

règle les moindres détails de leur existence de la naissance à la mort, et qui, on peut bien le dire, leur fait leurs pensées. Il est très difficile à leur esprit de s'affranchir et il leur est impossible de manifester leur affranchissement, car surtout aux Marquises un espionnage continuel procédant du caractère soupçonneux et curieux, de l'inquiétude du danger, du plaisir de nuire achève de serrer les mailles du filet où se trouve enserré l'individu.

('Extrait de l'*Anthropologie*, tome VIII, nos 5 et 6.)

PARIS, IMP. CAMIS ET Cie. — SECTION ORIENTALE A. BURDIN, ANGERS.